AF590331

1909 - Mai 6
(N° 184)

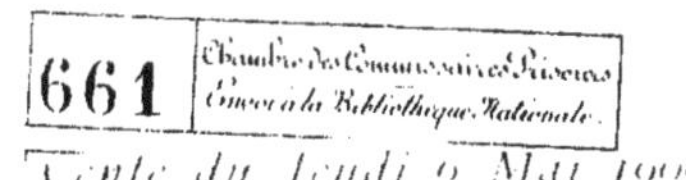

Vente du Jeudi 6 Mai 1909

HOTEL DROUOT — SALLE N° 6

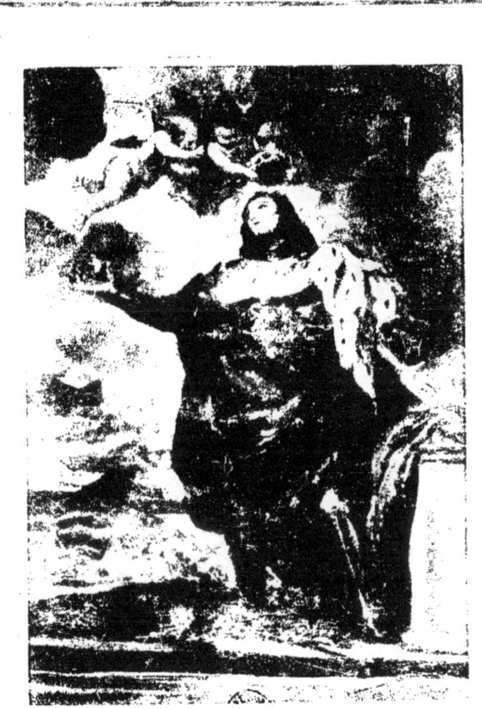

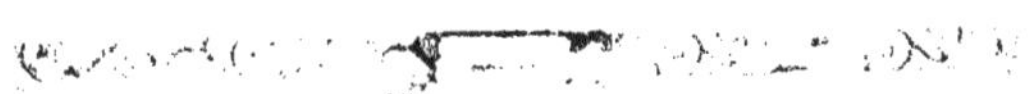

PEINTURES ET DESSINS
ANCIENS ET MODERNES

Mᵉ ANDRÉ DESVOUGES — M. LOYS DELTEIL

EXPOSITION PUBLIQUE : HOTEL DROUOT, SALLE N° 6, LE MERCREDI 5 MAI 1909.

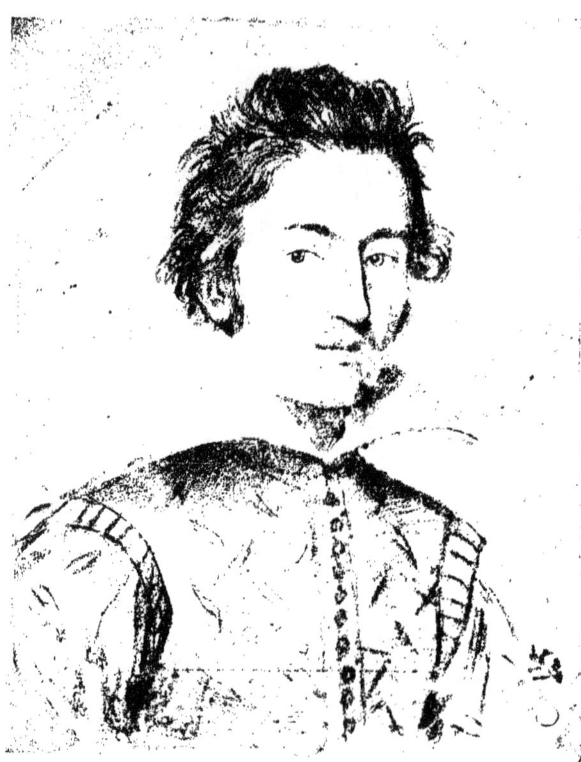

N° [illegible] du Catalogue.

FRAZIER-SOYE
[illegible]
[illegible]
[illegible]

CATALOGUE

DES

PEINTURES

ET

DESSINS

ANCIENS ET MODERNES

PAR

BACKHUYSEN, J. et P. BREUGHEL, L. BRUANDET, Alb. DURER,
H. FRAGONARD, J. VAN GOYEN, C. GUYS, INGRES,
M. Q. de la TOUR, B. LÉPICIÉ, A. MENZEL, J. F. MILLET,
P. MOLYN, A. VAN OSTADE, PUVIS DE CHAVANNES,
REMBRANDT VAN RIJN, Aug. RODIN,
J. et S. RUISDAEL, TIEPOLO,
TINTORET, A. et W. VAN DE VELDE,
A. WATTEAU, etc.

Dont la vente aura lieu

à Paris, HOTEL DROUOT, Salle N° 6

Le Jeudi 6 Mai 1909

à 2 heures précises

Par le Ministère de Mᵉ ANDRÉ DESVOUGES,

COMMISSAIRE-PRISEUR

26, Rue de la Grange-Batelière

Assisté de M. LOYS DELTEIL, Artiste-Graveur, Expert

2, Rue des Beaux-Arts

EXPOSITION PUBLIQUE

Hôtel Drouot, Salle n° 6, le Mercredi 5 Mai 1909

CONDITIONS DE LA VENTE

Elle sera faite au comptant.

Les adjudicataires paieront *dix pour cent* en sus des enchères.

M. Loys Delteil remplira les commissions que voudront bien lui confier les amateurs ne pouvant y assister.

MM. les amateurs pourront visiter la collection, 2, *rue des Beaux-Arts*, les Lundi 3 et Mardi 4 Mai, de 2 heures à 5 heures.

Exposition Publique, Hotel Drouot, Salle n° 6, le *Mercredi 5 Mai 1909, de 2 heures à 6 heures.*

Le Peintre-Graveur Illustré

(XIXe & XXe SIÈCLES)

par LOYS DELTEIL

OUVRAGE HONORÉ D'UNE SOUSCRIPTION DU MINISTÈRE DE L'INSTRUCTION PUBLIQUE ET DES BEAUX-ARTS

TOME Ier. — MILLET, ROUSSEAU, DUPRÉ, JONGKIND.
Épuisé.

TOME II — CH. MERYON . . . . . **25** fr. et **20** fr.

TOME III — INGRES — EUG. DELACROIX

45 Exemplaires de luxe (*presque épuisés*). . . . . **50** francs
300 — . . . . **25** —
100 — (sans l'eau-forte de Delacroix). . . . . . **20** —

VIENT DE PARAITRE :

TOME IV consacré à ANDERS ZORN

et contenant la biographie du Maître,
le Catalogue raisonné de son œuvre gravé, et le fac-similé
de TOUTES les pièces décrites.

1 volume in-4°, de 250 pages, contenant 230 fac-similé et une eau-forte originale d'ANDERS ZORN, le PORTRAIT DU SÉNATEUR AMÉRICAIN MASON, l'un des chefs-d'œuvre du Maître.

50 Exemplaires de luxe, avec l'eau-forte originale, *avant la lettre*, sur japon . . . . **souscrits**
350 Exemplaires avec l'eau-forte originale, avec la lettre . . **40** francs
150 Exemplaires sans l'eau-forte . . . . **30** —

EN PREPARATION :

TOME V consacré à COROT
TOME VI consacré à BARYE, CARPEAUX et RODIN

DÉSIGNATION

AVERKAMP (Hendrik van)

1. — Une Cuisine en plein vent. Bistre et aquarelle.
H. 120. L. 160.

2. — Le Jeu de Jaquet. Plume et aquarelle. Cadre ancien en ébène.
H. 110. L. 140.

BACKHUYSEN (Ludolf)

3. — Marine. A l'encre de chine. Collection P. H.
H. 160. L. 210.

4. — Combat naval. A la plume, lavé d'encre de chine.
H. 130. L. 190.

BANDINELLI (Baccio)

5. — Deux Figures d'hommes. A la plume. Collection E. Habich.
H. 290. L. 270.

BAUDRY (Paul)

6. — Femme de dos, étude pour le *Jugement de Pâris*. Aux crayons noir et blanc, avec *dédicace* au Bon Taylor.
H. 350. L. 230.

BLOEMAERT (Abraham)

7. — Un Évêque. A la sanguine.
H. 300. L. 190.

8. — La Chaumière. A la plume, lavé de bistre.
H. 180. L. 190.

BOL (Ferdinand)

9. — Un Philosophe. A la sanguine.

H. 190. L. 160.

BOTH (Jan)

10. — Site d'Italie. A la plume, lavé de sépia.

H. 230. L. 280.

BOUCHER (François)

11. — Le Sommeil. Au crayon noir. Signé.

H. 150. L. 190.

12. — Etude de Bras. Crayon noir et sanguine, avec rehauts de blanc.

H. 160. L. 220.

13. — Académie d'homme. Au crayon noir, avec rehauts de blanc.

H. 300. L. 500.

BRAUWER (Adriaen)

14. — Scène de Cabaret. Plume et Lavis. Cadre ancien, bois sculpté et doré.

H. 120. L. 155.

BREUGHEL (Jan)

15. — Scènes de la vie des champs. A la plume.

H. 150. L. 210.

BREUGHEL le Vieux (Peter)

16. — Paysan et sa femme. Très beau dessin à la plume. Cadre ancien hollandais.

H. 180. L. 190.

BRUANDET (Lazare)

17. — Paysages animés de figures. Deux gouaches se faisant pendants, une est signée et datée : 1793. Cadres anciens.

L. (de chaque gouache) 370. H. 350.

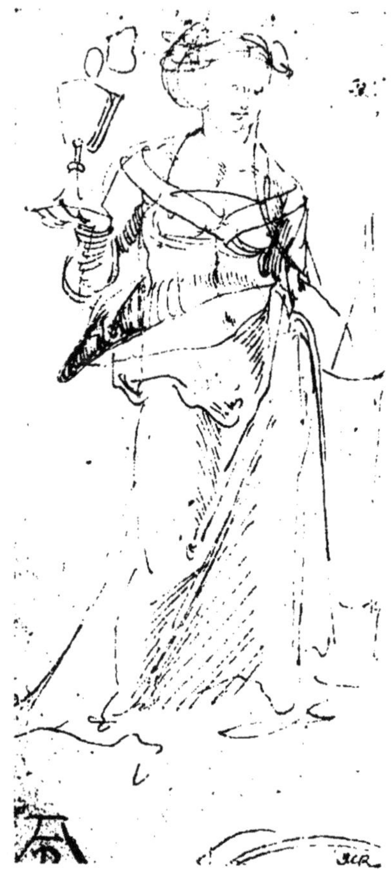

N° 32 du Catalogue.

CANALETTO (attribué à Ant.)

18. — Vue de Venise. Au lavis de bistre.

H. 240. L. 160.

CARPEAUX (J.-B.)

19. Portrait d'homme. Peinture à l'huile. Sur toile.
H. 500. L. 610.

20. — Une Nourrice. Au crayon noir.

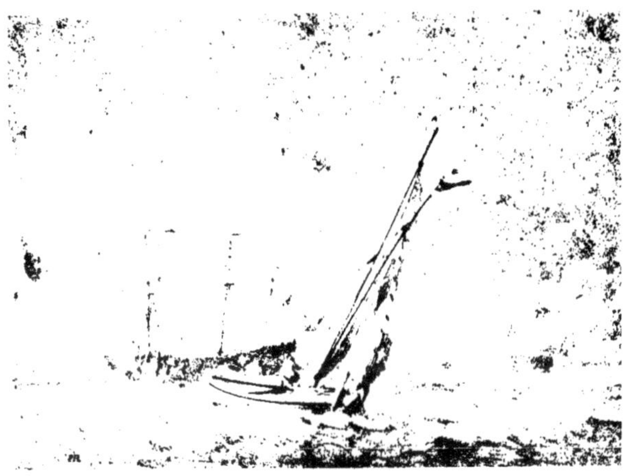

N° 3 du Catalogue.

COCHIN FILS (Ch. Nic.)

21. — Un Evêque. Un Héraut. Deux dessins au crayon noir.
H. 190. L. 130.

22. — Un Evêque, debout. Au crayon noir, avec rehauts de blanc.
H. 300. L. 190.

COGNIET (Léon)

23. — Enée et Anchise (étude de draperies). Aux crayons noir et blanc.
H. 450. L. 300.

COOPSE (Pieter)

24. — Marine. Plume et aquarelle. Signé en bas, à droite.
H. 130. L. 190.

COURTOIS (Jacques)

25. — Combat de Cavalerie. A la plume, lavé de bistre. Collection G. Vallardi.

H. 310. L. 420.

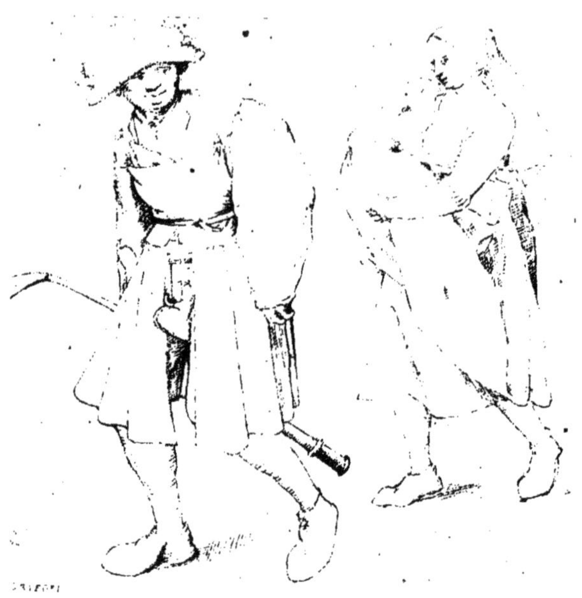

N° 16 du Catalogue.

CUYP (Aelbert)

26. — Les Ruines du Château d'Egmont. Crayon noir et aquarelle.

H. 120. L. 240.

DAUZATS (Adrien)

27. — Eglise St Urbain, à Troyes. Aquarelle.

H. 170. L. 260.

DE LA FOSSE (J. Ch.)

28. — Frise et Médaillon. A la plume, lavé d'encre de chine.
H. 150. L. 360.

DEVÉRIA (Achille)

29. — Cymodoce et Endor, dessin d'illustration pour les *Martyrs*. A la sépia.
H. 110. L. 080.

DOMINGO (R.)

30. Souvenir de course. Gouache.
H. 260. L. 540.

DU JARDIN (Karel)

31. — Un Laboureur. Au crayon noir et encre de chine. Signé.
H. 140. L. 200.

DURER (Albrecht)

32. Figure allégorique. Précieux dessin à la plume. Signé en bas à gauche du monogramme du maître. Joli cadre ancien.
H. 150. L. 065.

ECOLE FLAMANDE (xve siècle)

33. — Le Christ bénissant. Peinture sur panneau. Cadre ancien.
H. 075. L. 095.

34. — St Jean l'Evangéliste. A la plume.
H. 170. L. 100.

35. Sainte Famille. Au crayon noir sur papier bleu, avec rehauts de blanc. De forme ovale.
H. 270. L. 220.

ECOLE FRANÇAISE (xve siècle)

36. Un Saint Évêque. Miniature sur vélin.
H. 095. L. 055.

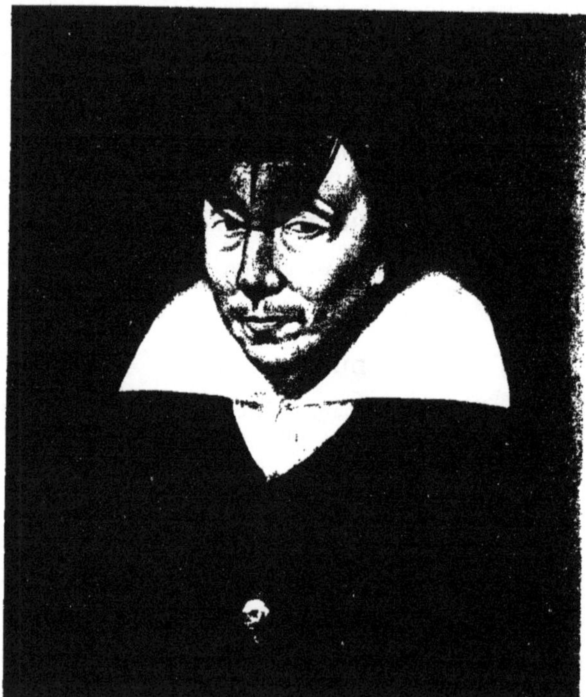

N° 27 du Catalogue.

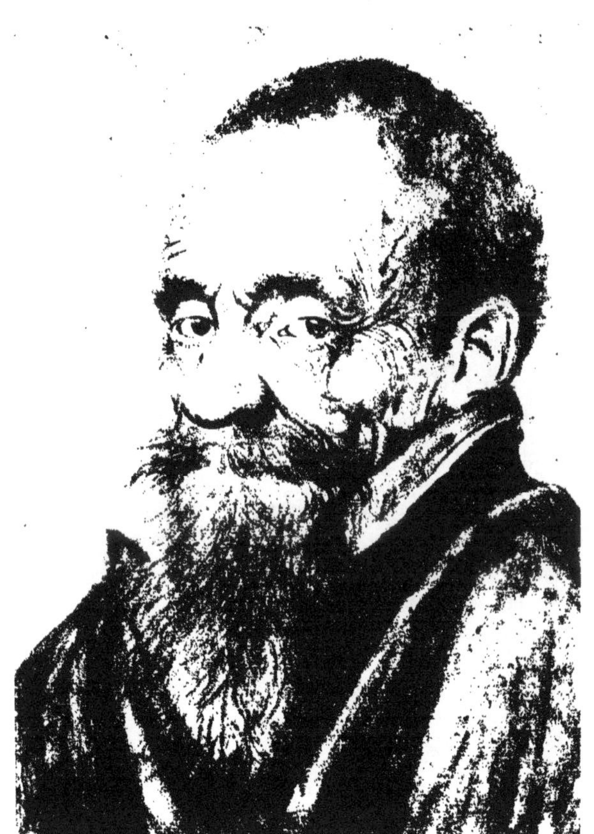

N° 98 du Catalogue.

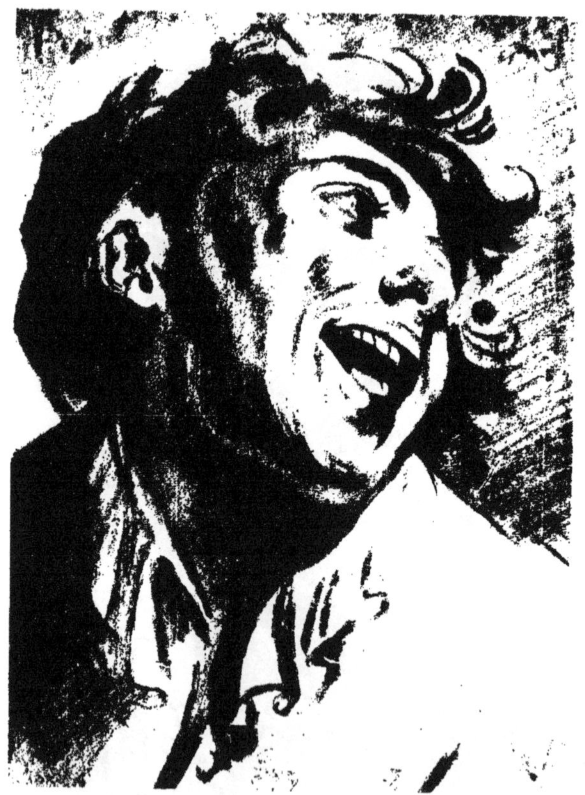

N° 52 du Catalogue.

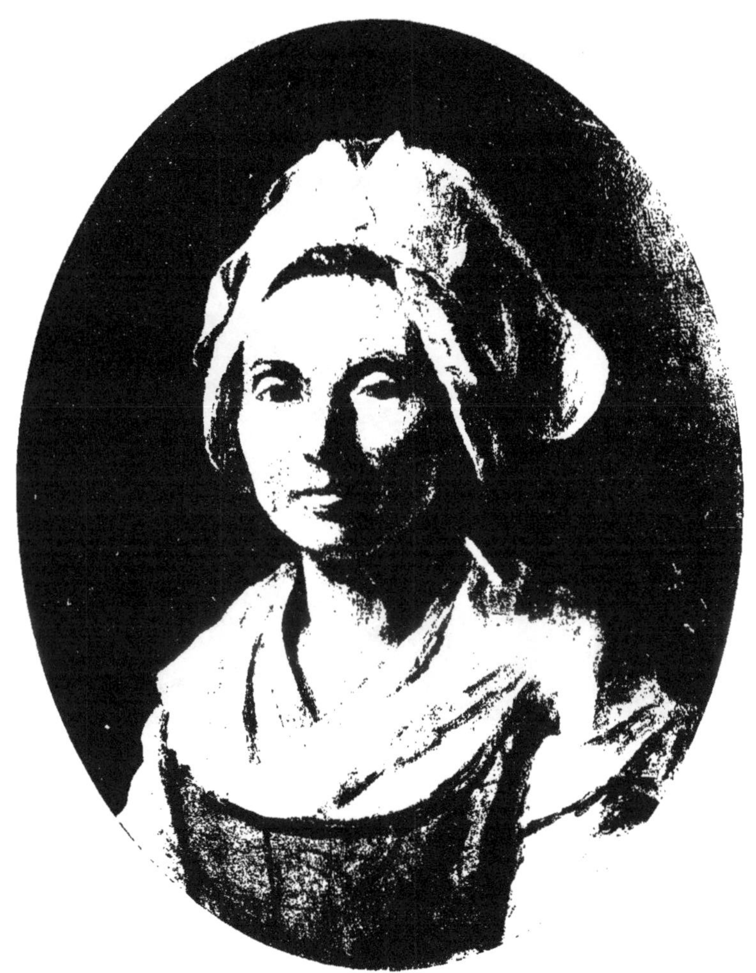

N° 70 du Catalogue.

ECOLE FRANÇAISE (xvie siècle)

37. — Portrait d'une Dame en habits de veuve. Peinture pouvant vraisemblablement être attribuée à l'un des Dumonstier.

H. 505. L. 425.

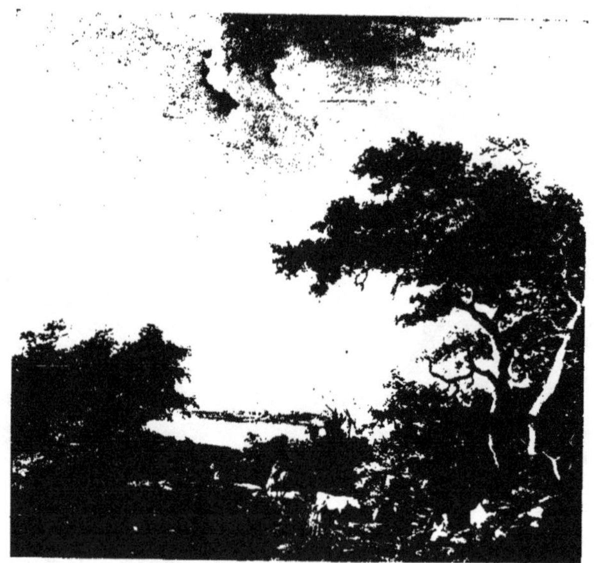

N° 17 du Catalogue

38. — Le Christ en croix, à la plume sur vélin.

H. 205. L. 250.

ECOLE HOLLANDAISE (xviie siècle)

39. Scène de Cabaret. Au crayon noir, avec rehauts de couleurs.

H. 260. L. 400.

40. Bords de canal. Crayon et lavis.

H. 130. L. 180.

ECOLE ITALIENNE (xvie siècle)

41. — Jupiter et Europe. A la plume, lavé de bistre.
H. 240. L. 180.

42. Diane. A la plume, lavé de bistre.
H. 200. L. 110.

43. — Scène de Martyre. A la plume, lavé de bistre et rehaussé de blanc sur papier préparé rouge.
H. 200. L. 220.

44. Léda. A la plume, lavé de bistre.
H. 100. L. 220.

45. Combat de Monstres marins. A la plume, lavé de sépia.
H. 280. L. 400.

46. Figure de femme vue de dos. Crayon noir, rehaussé de blanc, sur papier préparé. Coll. de sir J. Reynolds.
H. 100. L. 270.

ECOLE NAPOLITAINE (xviie siècle)

47. — Un Embarquement. Peinture.
H. 280. L. 170.

FRAGONARD (Honoré)

48. Etude d'Homme couché. A la sanguine.
H. 320. L. 480.

49. Tête d'Homme. Contre-épreuve de sanguine.
H. 140. L. 180.

GELLEE (Claude)

50. Etude de Vaches. A la plume. Collections Galichon et His de la Salle.
H. 130. L. 100.

GÉRICAULT (J. L. Th.)

51. — Arabe soutenant la tête de son cheval mourant. Au crayon noir.
H. 250. L. 210.

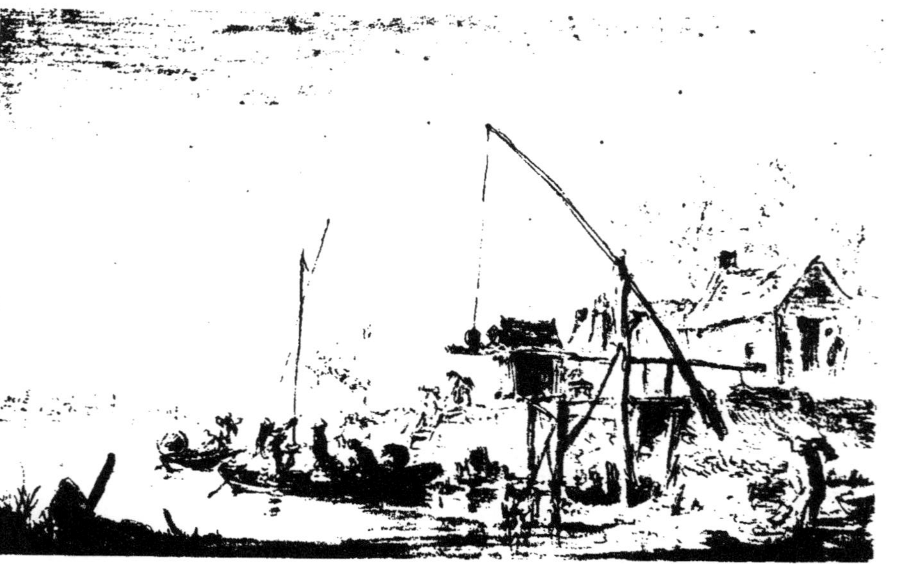

N° 53 du Catalogue.

GIORDANO (Lucas)

52. — Tête de jeune garçon riant. A la pierre d'Italie, rehauts de blanc.

H. 400. L. 290.

GOYEN (Jan van)

53. — Marine à la grue. Crayon noir et lavis. Signé du monogramme et daté : 1653.

H. 170. L. 270.

54. — Village au bord d'un canal. Crayon et lavis. Signé des initiales et daté : 1651.

H. 110. L. 205.

55. — L'Arrivée des bateaux. Crayon et lavis. Cadre ancien.

H. 110. L. 190.

56. — Bords de la Meuse. Crayon et lavis. Signé du monogr. et daté : 1652. Cadre ancien.

57. — Bord de rivière. Crayon et lavis. Collection Warneck.

H. 140. L. 190.

58. — Paysage d'hiver. Crayon noir et lavis. Signé des initiales et daté : 1653. Cadre ancien Louis XVI, bois sculpté et doré.

H. 150. L. 270.

59. — Les Patineurs. Crayon et lavis. Signé des initiales et daté : 1653. Cadre ancien, bois sculpté.

H. 175. L. 285.

GRANDVILLE (J. J. I.)

60. — Scène de Théâtre, charge à la plume.

H. 120. L. 140.

GUYS (Constantin)

61. — Un Monsieur et une Dame. Encre de chine et sépia. Collection Nadar.

H. 159. L. 135.

61 *a*. — Les deux Femmes aux mantilles. Encre de chine, rehaussée d'aquarelle. Collection Nadar.

H. 187. L. 120.

61 *b*. — En Soirée. Encre de chine, rehaussée d'aquarelle. Collection Nadar.

H. 270. L. 205.

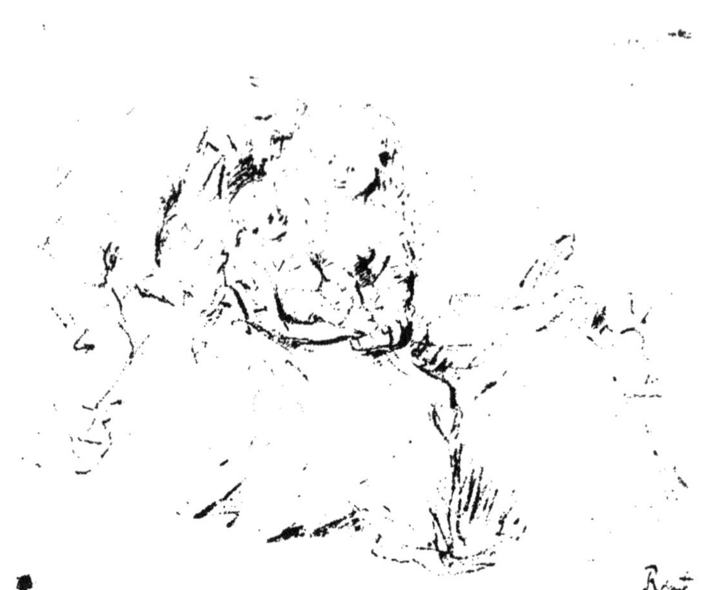

N° [illegible]

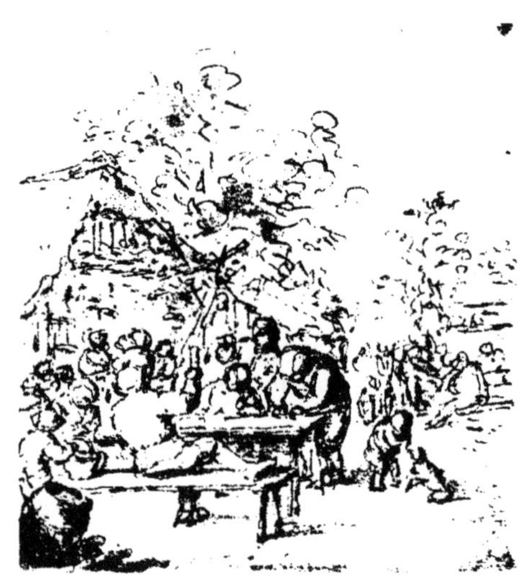

N° [illegible] du Catalogue

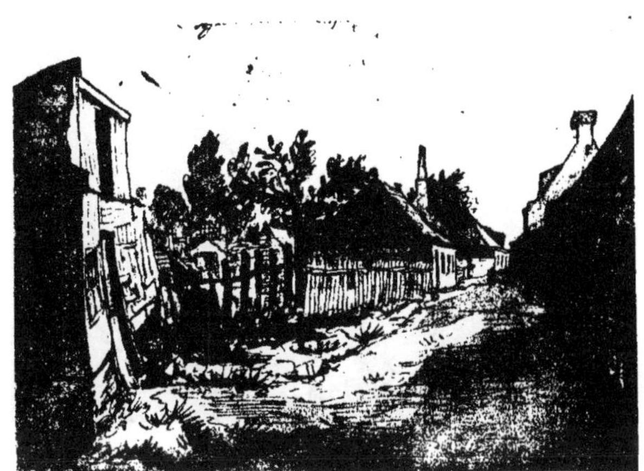

N° 132 du Catalogue.

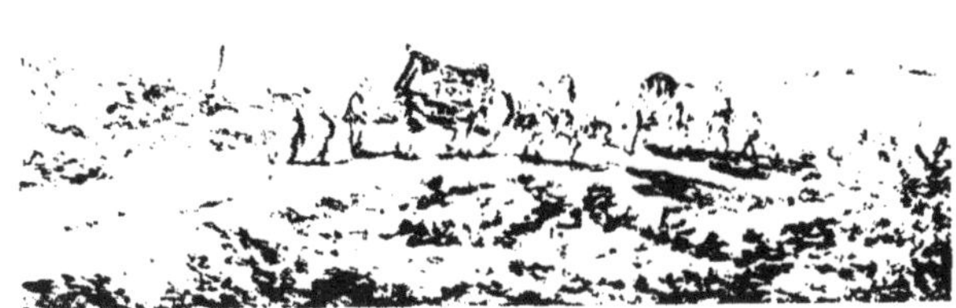

N° 87 du Catalogue.

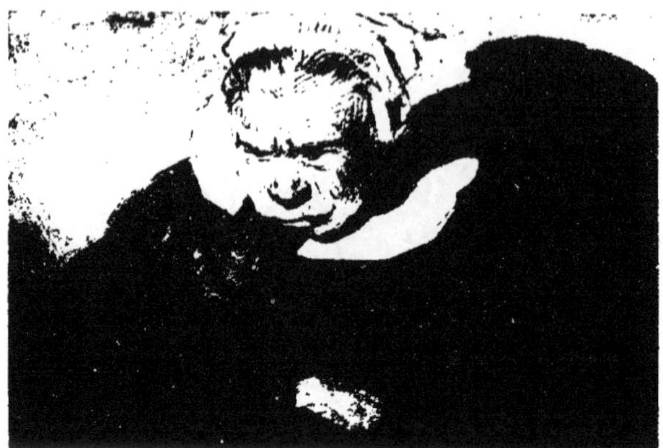

N° 115 du Catalogue.

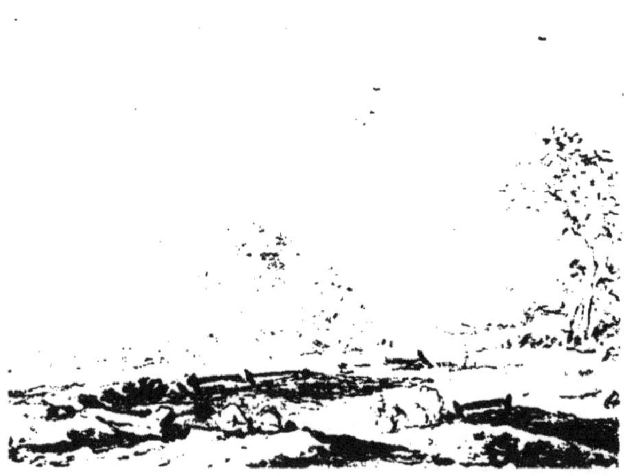

N° 80 du Catalogue.

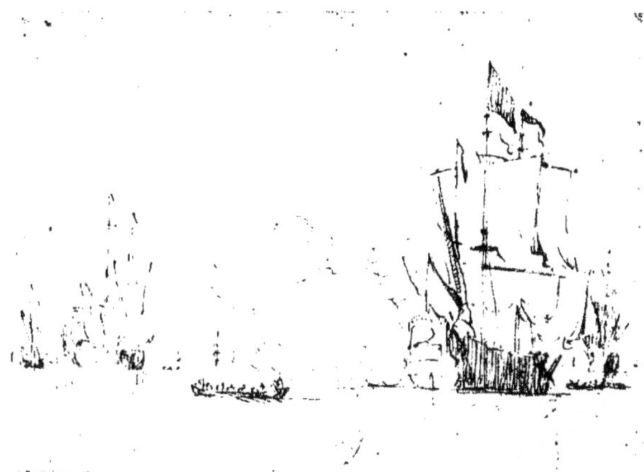

N° 127 du Catalogue

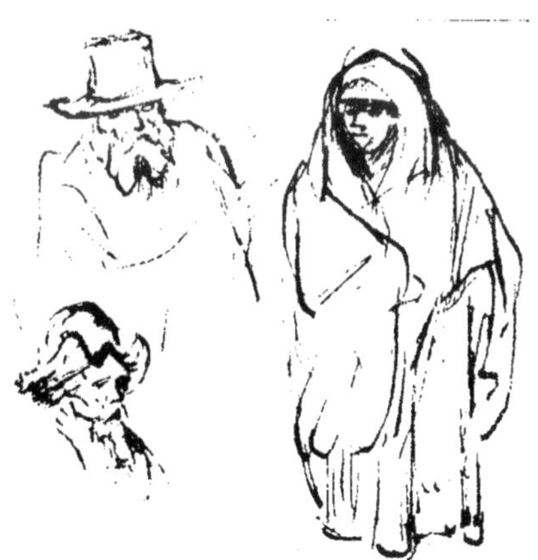

N° [illegible] du Catalogue

61 *c*. — L'Arrivée. Plume et encre de chine. Collection Nadar.

H. 133. L. 106.

61 *d*. — Le Cabaret. Plume, encre de chine et sépia. Collection Nadar.

H. 146. L. 128.

HOBBEMA (Meindert)

62. — Chaumière dans un paysage. Crayon et lavis.

H. 110. L. 180.

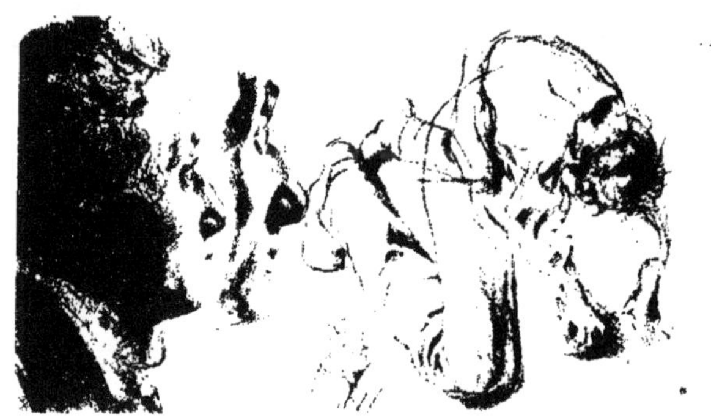

N° 72 du Catalogue.

HUET (Jean-Baptiste)

62 *bis*. — Une Naissance. Au crayon noir, lavé de bistre. Signé et daté : 1792.

H. 180. L. 200.

HUYSUM (Jan van)

63. — Deux bouquets de Fleurs. A l'aquarelle.

H. de chaque aquarelle 480. L. 320.

INGRES (J. D. A.)

64. — Etude pour l'un des Anges de l'*Age d'or*. Au crayon noir, rehauts de blanc.

H. 280. L. 370.

LAGNEAU

65. — Portrait d'homme. Crayon et sanguine. Cadre ancien.

H. 330. L. 230.

LA JOUE (Jacques de)

66. — Panneau ornemental avec écusson au centre. A la plume, rehaussé d'aquarelle.

H. 280. L. 170.

LA TOUR (Maurice-Quentin de)

67. — Le Maréchal de Saxe, buste fort comme nature. Au crayon noir, sur papier bleu.

On lit sur la monture, en écriture du temps : *Je tiens cette esquisse du petitot de nos Jours et je puis dire que ses talens repondent à l'honetete de son ame h. Rochefort*, puis : *Premier essai du Mal de Saxe par la Tour.*

H. 380. L. 310.

LE MOINE (François)

68. — Buste de Femme en prières. Peinture. Cadre ancien en bois sculpté et doré.

H. 150. L. 120.

LÉONI (Ottavio)

69. — Portrait d'un jeune Seigneur. A la pierre d'Italie. Collection Will. Mayor.

H. 100. L. 150.

LÉPICIÉ (Nicolas-Bernard)

70. — Portrait de Femme. Peinture de forme ovale.

H. 280. L. 215.

MEER DE JONGHE (Van der)

71. — Moutons dans un paysage. Aquarelle sur vélin. Cadre ancien en ébène.

H. 075. L. 100.

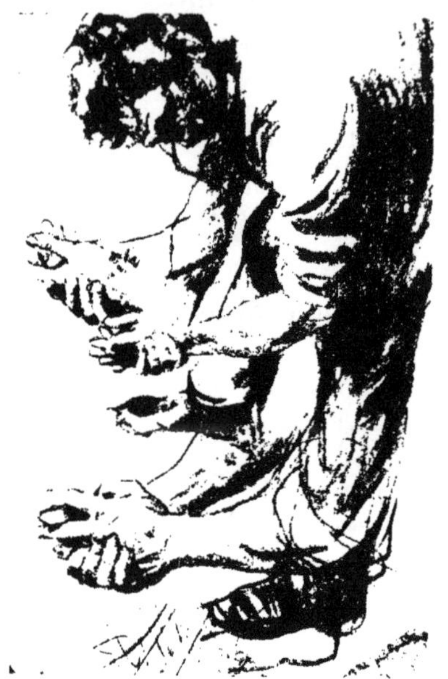

N° 72 du Catalogue.

MENZEL (Adolf)

72. — Deux Etudes de têtes, étude de personnage accroupi et étude de jambe. Mine de plomb.

H. 137. L. 200.

73. — Etude d'Homme se frottant les mains et études de bras et de mains pour le même personnage. Mine de plomb.

H. 201. L. 126.

74. — Une Main dans un geste de prédication. Mine de plomb.

H. 200. L. 120.

75. — Un Cimetière. Mine de plomb.

H. 200. L. 120.

76. — Etudes pour les Gamins faisant la roue, dans le *Marché de Vérone*. Mine de plomb.

H. 270. L. 100.

MILLET (J.-F.)

77. — Trois études sur une même feuille, pour une Bergère gardant son troupeau. Au crayon brun.
H. 200. L. 195.

78. — Coin de village. A la plume, lavé d'aquarelle.
H. 130. L. 190.

79. — Etude de Tête de paysanne. Au crayon noir.
H. 210. L. 175.

MINIATURES PERSANES

80. — Deux Femmes s'accostant entourées de six servantes, devant un palais blanc.
H. 320. L. 200.

81. — Quatre Personnages habillés de blanc, devant une porte.
H. 120. L. 190.

82. — Six personnages prenant une collation en plein air.
H. 160. L. 120.

83. — Vache décharnée, picotée par des corbeaux.
H. 180. L. 140.

84. — Un Eléphant et son Cornac.
H. 160. L. 200.

85. — Un bison ? mi-partie blanc, mi-partie rouge.
H. 160. L. 190.

MOLYN (Peter)

86. — Le Repos des Paysans. Crayon noir et lavis. Signé.
H. 143. L. 188.

87. — Les Charriots défilant dans la campagne. Crayon noir et lavis. Signé.
H. 115. L. 192.

88. — Le Repos des Moissonneurs. Crayon et lavis. Cadre ancien.
H. 130. L. 190.

89. — La Halte au hameau. Plume et lavis. Cadre ancien.
H. 140. L. 160.

90. — La Route du Village. Crayon et lavis. Signé.
H. 150. L. 195.

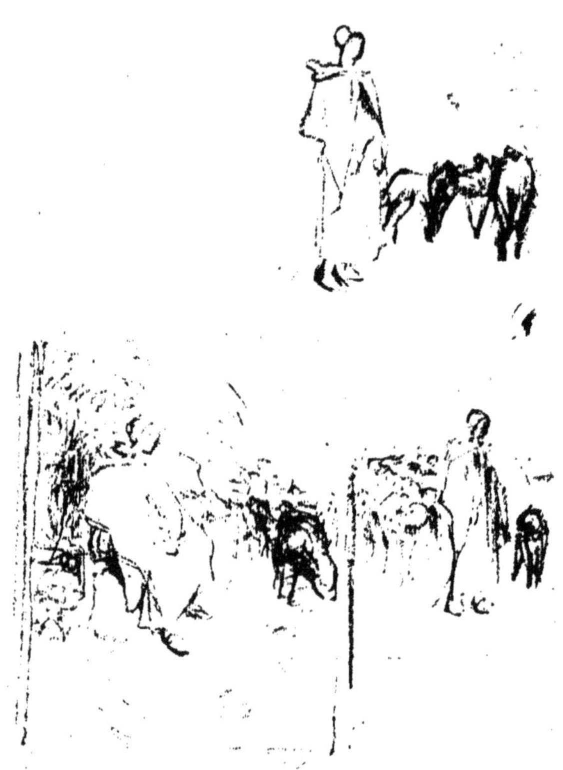

N° 77 du Catalogue.

91. — L'Hotellerie de Campagne. Crayon et lavis. Signé et daté : 1654. Collection Warneck.

H. 150. L. 195.

92. — La Passerelle. Très beau dessin, au crayon noir et lavis, joli cadre ancien.

H. 145. L. 190.

93. — Les Bâtiments de la ferme. Crayon et lavis, collection Warneck.

NICOLLE (V.-J.)

94. — Vue prise dans les Environs de Rome. Aquarelle.
H. 060. L. 090.

OPPENORT (G.-M.)

95. — Un Chenet. A l'encre de chine.
H. 250. L. 220.

OSTADE (Adriaen van)

96. — Le Maître peignant dans son atelier. Beau dessin plume et lavis pour le tableau du Musée d'Amsterdam. Au dos, quelques croquis. Collection du Mis de Valori.
H. 173. L. 140.

97. — Paysans attablés. Très beau et vigoureux dessin. Plume et lavis, collection Warneck, cadre ancien en ébène.
H. 138. L. 111.

98. — Paysans jouant et buvant près de leurs chaumières. Charmant dessin. Plume et lavis. Cadre ancien Louis XVI.
H. 087. L. 077.

99. — Famille de paysans. Plume et lavis. Collection de Valori.
H. 090. L. 155.

100. — Paysan bourrant sa pipe. Plume et lavis. Cadre ancien.
H. 085. L. 060.

101. — Intérieur de cuisine. Au crayon noir. Cadre ancien époque Louis XVI.
H. 175. L. 285.

102. — Deux études de paysans. Plume et lavis, cadre ancien.

103. — Deux études de paysans. Plume et aquarelle, cadre ancien.

104. — Deux études d'hommes, se faisant pendants. Plume et aquarelle. Cadre ancien.
H. 060. L. 035.

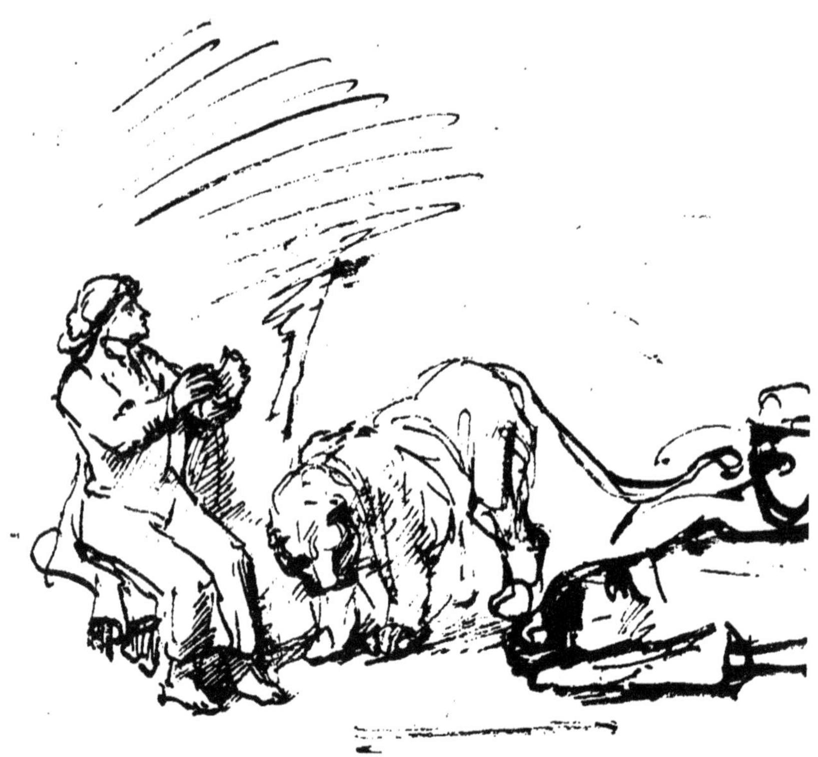

N° 115 du Catalogue.

PARMESAN (Fr. Mazzuoli, dit le)

105. — La Vierge et les Anges. A la sanguine. Collections Reynolds, Gigoux et N. Hone.

H. 150. L. 110.

PILS (Isidore)

106. — Etudes de têtes d'Arabes. Au crayon noir, avec rehauts de blanc.

H. 300. L. 250.

POURBUS LE VIEUX

107. — Le Fauconnier. A la plume, lavé d'encre de chine. Cadre ancien.

H. 265. L. 200.

POUSSIN (Nicolas)

108. — Scène Mythologique. Plume et lavis de bistre. Marques de collections.

H. 085. L. 120.

PUVIS DE CHAVANNES (P.)

109. — *Tempus erat quo prima quies mortalibus.....* (Virgile, Eneïde). A la plume. Signé.

H. 215. L. 340.

RAFFET (attribué à A.)

110. — Portrait de Voltigeur. Peinture.

H. 180. L. 120.

REMBRANDT VAN RIJN

111. — Le Repos en Egypte. Dessin au crayon noir.

H. 120. L. 150.

112. — Le Sacrifice de Manoé. Plume et lavis. Etude pour le tableau du Musée de Dresde, vers 1641. Cadre ancien, bois sculpté et doré.

H. 120. L. 140.

113. — Daniel dans la fosse aux lions. Dessin à la plume. Beau cadre ancien, bois sculpté et doré.

H. 120. L. 165.

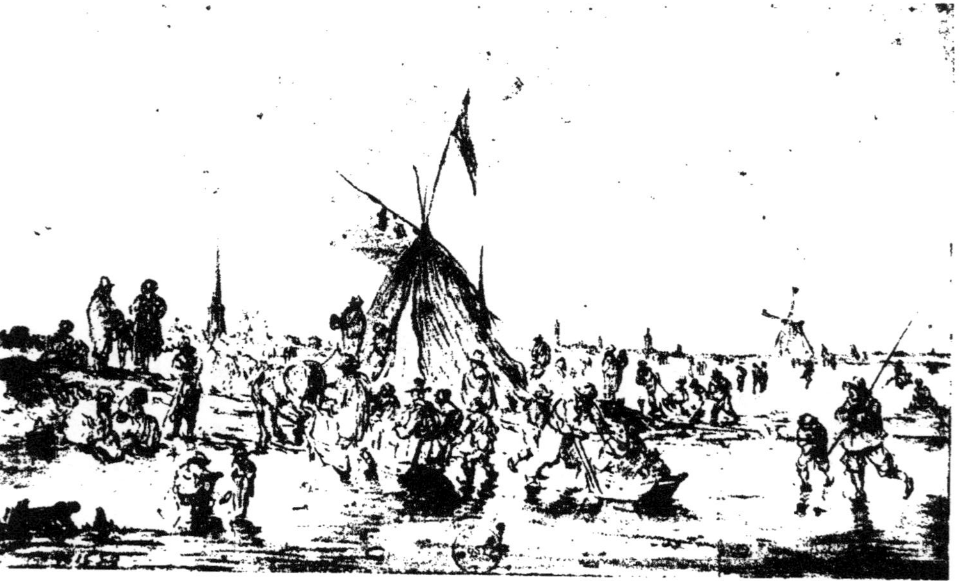

N° 59 du Catalogue.

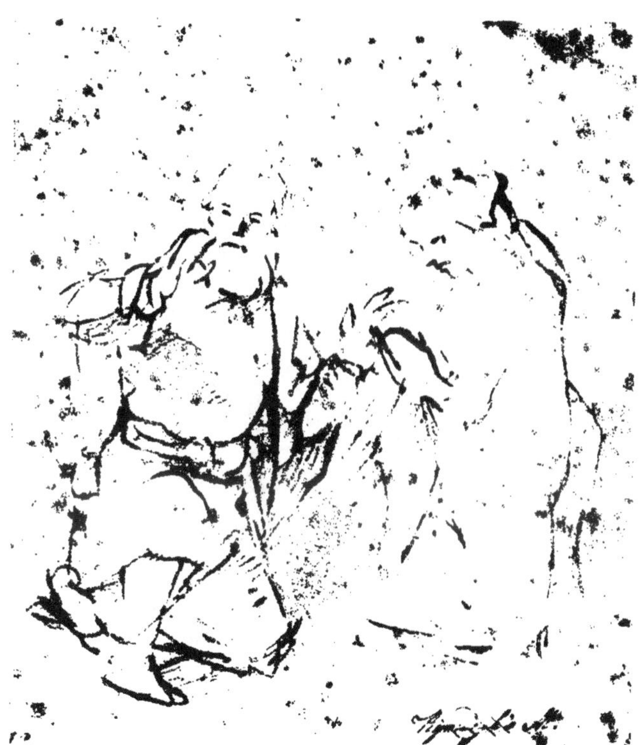

N° 112 du Catalogue.

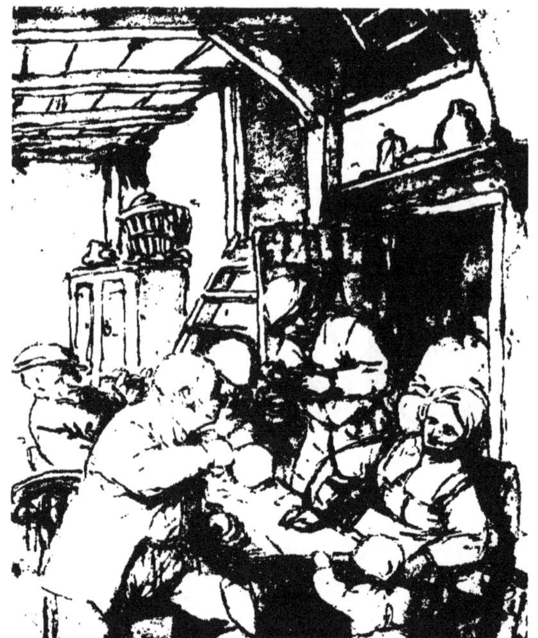

N° 97 du Catalogue.

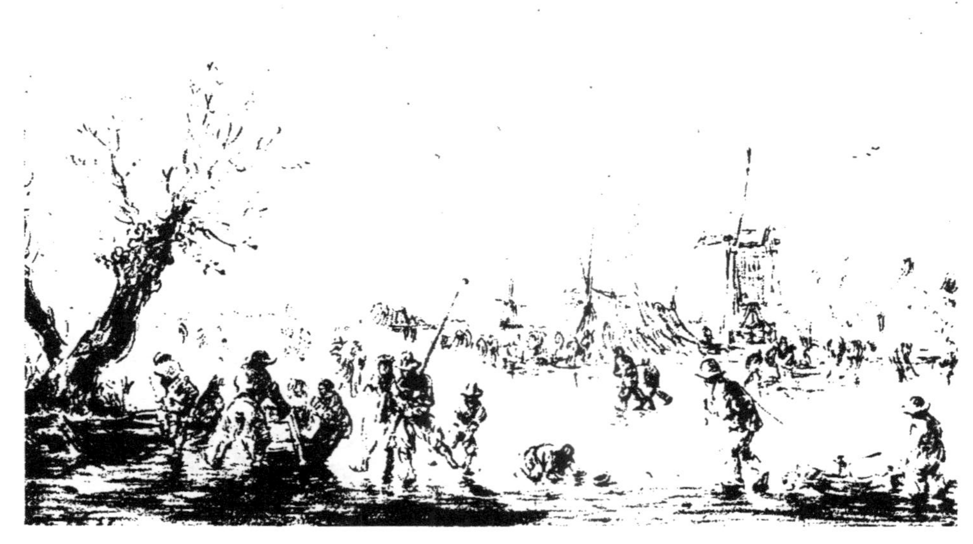

N° 58 du Catalogue.

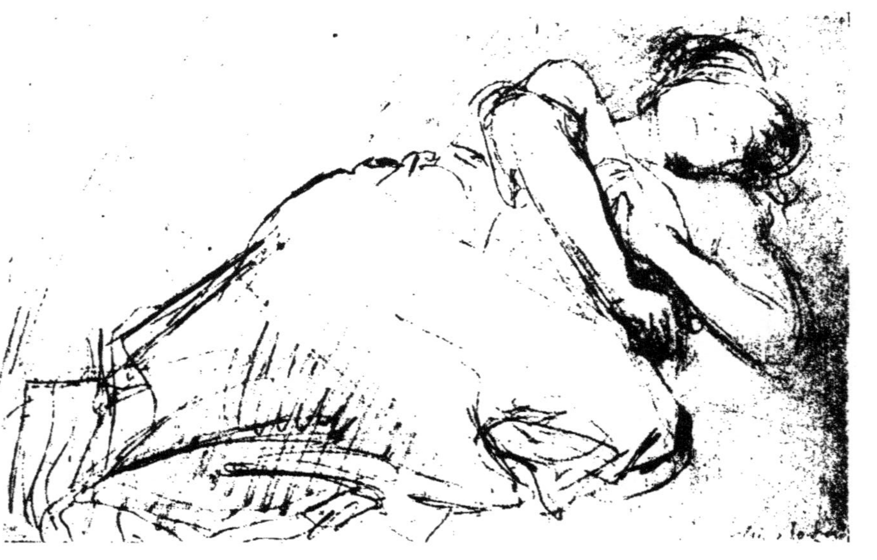

N° 119c du Catalogue.

114. — Etudes de différents personnages. Croquis à la plume. Joli cadre ancien, bois sculpté et doré.

H. 110. L. 104.

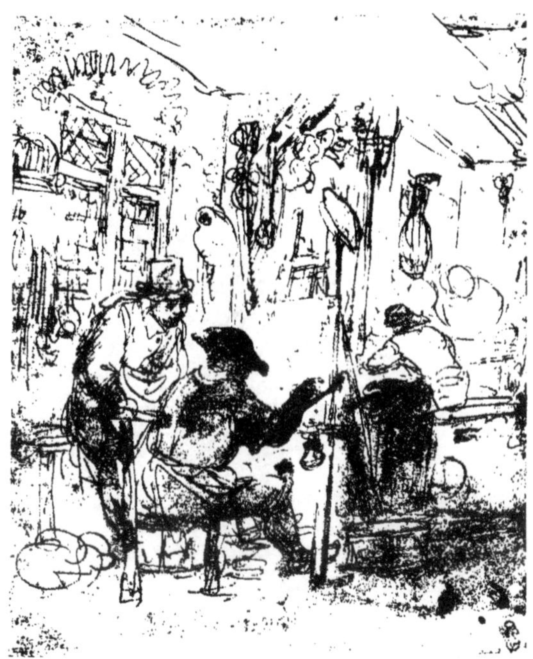

N° 90 du Catalogue.

115. — Vieille femme dormant. Très beau dessin. Plume et lavis. Peut être attribué aussi à Nicolas Maas. Cadre ancien.

H. 091. L. 133.

REMBRANDT (Ecole de)

116. — Figure d'homme endormi. Vigoureuse étude à la plume.

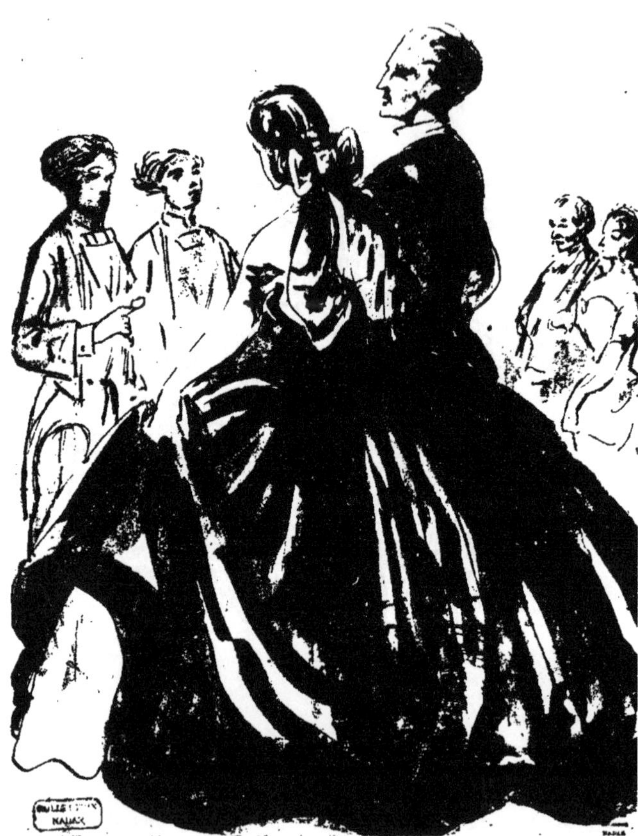

N° 61 [illegible] du Catalogue.

ROBUSTI (Jacopo) dit le Tintoret

117. — Le Couronnement de Saint-Louis. Peinture à l'huile sur toile.

H. 320. L. 465.

118. — Silène et Bacchus. Plume et lavis avec rehauts de blanc.

H. 205. L. 260.

RODIN (Auguste)

119. — Les Carresses. A la mine de plomb. Signé.

H. 305. L. 200.

119 *a*. — L'Aurore s'éveille. A la mine de plomb, lavé d'aquarelle. Signé.

H. 320. L. 245.

119 *b*. — Prière. A la mine de plomb. Signé.

H. 305. L. 198.

119 *c*. — L'Abandonnée. A la mine de plomb. Signé.

H. 195. L. 305.

119 *d*. — Psyché. A la mine de plomb, rehaussé de sépia. Signé.

H. 315. L. 240.

119 *e*. — Déesse. A la mine de plomb, rehaussé d'aquarelle. Signé.

H. 320. L. 245.

ROSSO (LE)

120. — Etude pour un St Jean-Baptiste. A la plume, lavé de bistre. Collection Denon.

H. 150. L. 110.

RUBENS (P.-P.)

120 *bis*. — Etude d'Homme, pour le *Serpent d'airain*. Au crayon noir. Collections Reynolds, S. et N. Hone.

H. 280. L. 130.

RUISDAËL (Jakob)

121. — Temps d'orage. Plume et lavis. Cadre ancien.

H. 115. L. 195.

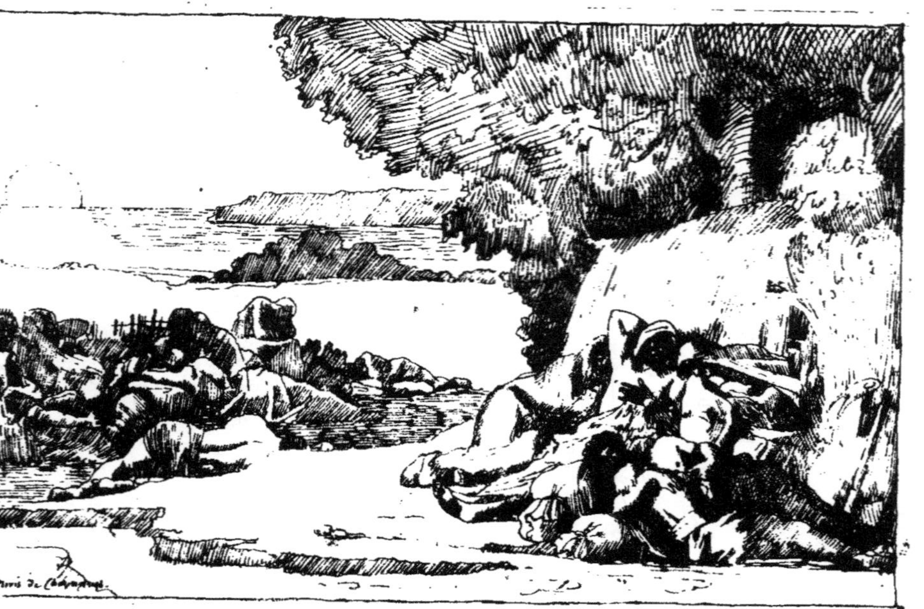

N° 109 du Catalogue.

RUISDAËL (Salomon)

122. — Paysage. Crayon noir. Signé des initiales et daté : 1650.
H. 120. L. 235.

123. — Paysage. Crayon noir.
H. 120. L. 230.

124. — La Chaumière au bord de l'eau. A la plume et lavis.
H. 100. L. 300.

STRAUCH

125. — Projet de Frontispice. A la plume, lavé d'encre de chine. Signé et daté : 1649.
H. 350. L. 290.

TÉNIERS (David)

126. — Feuille de croquis. A la mine de plomb.
H. 200. L. 280.

TERBURG (Gérard)

127. — Jeune homme vu de dos. Crayon noir avec rehauts de blanc sur papier gris. Collection du Mis de Valori.
H. 145. L. 300.

TIEPOLO (Giov-Batt)

128. — Esquisse pour un plafond. Peinture. Sur toile.
H. 430. L. 240.

TORO (J.-B.)

129. — Faunes et Satyres dans une très précieuse bordure ornementale. A l'encre de chine. Cadre ancien.
H. 180. L. 340.

TROYON (Constant)

130. — Vaches dans la campagne. Au crayon noir, avec rehauts de blanc.
H. 140. L. 270.

VAGA (Perino del)

131. — Motif d'architecture avec figures. A la plume, lavé de sépia.
H. 160. L. 420.

VAN DER HEYDEN

132. — Le Village. Sépia et encre de chine.

H. 156. L. 212.

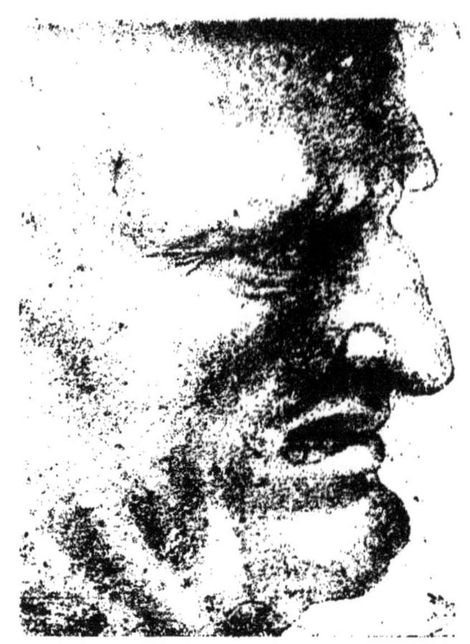

N° 140 du Catalogue.

VELDE (Adriaen Van de)

133. — Cheval et moutons au paturage. Précieux dessin plume et lavis. Signé et daté : 1670. Collection Marmontel.

L. 175. H. 130.

134. — Troupeau de vaches au bord d'un fleuve. A la sépia.

L. 220. H. 130.

VELDE (Esaïas Van de)

135. — Deux petits Paysages. A la plume.

H. 080. L. 090.

VELDE (Jan Van de)

136. — Scène de patinage. Crayon noir et lavis. Cachet de collection.

H. 085. L. 145.

VELDE le Jeune (William Van de)

137. — Le Coup de canon. Dessin à la plume et au lavis pour le tableau du Musée d'Amsterdam. Signé à gauche des initiales. Cachet de collection.

H. 145. L. 100.

138. — Marine. Au crayon noir et encre de chine.

H. 160. L. 240.

VIEN (J. M.) ?

139. — Le Retour de l'Enfant prodigue. Au crayon noir, avec rehauts de blanc.

H. 290. L. 215.

VINCI (Léonardo da)

140. — Tête de vieillard. Précieux dessin au crayon noir, avec légers rehauts de blanc sur papier jaunâtre. Cachet de collection. Très beau cadre ancien époque Renaissance.

H. 095. L. 065.

VINCI (Ecole de Leonardo da)

141. — Une réunion de Têtes grotesques. A la plume.

H. 140. L. 200.

WATTEAU (Antoine)

142. — Jeune Femme vue de dos. A la sanguine. Collection A. Vollon père.

H. 200. L. 120.

143. — Enfant nu, endormi. Au crayon noir.

H. 100. L. 155.

WILLE (Jean-George)

144. — La Maison délabrée. Plume, sépia et encre de chine. Signé et daté : 1758.

H. 172. L. 215.

WOUVERMANS (Philippe)

145. — Halte de maraichers dans un village. A la plume, lavé d'encre de chine. Signé du monogramme et la date : 51 (1651).

H. 170. L. 280.

ZUCCHERO (Taddeo)

146. — Dieu dans une gloire, foudroyant Satan. A la plume, lavé de sépia. A été mis au carreau.

H. 270. L. 360.

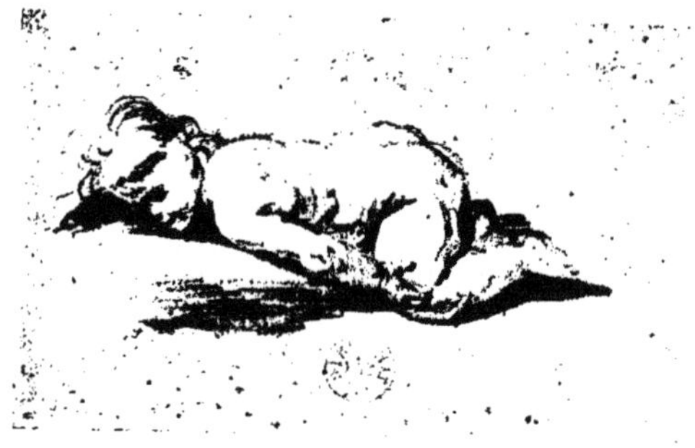

N° [illegible] du Catalogue

IMPRIMERIE

FRAZIER-SOYE

153-155-157, Rue Montmartre

PARIS

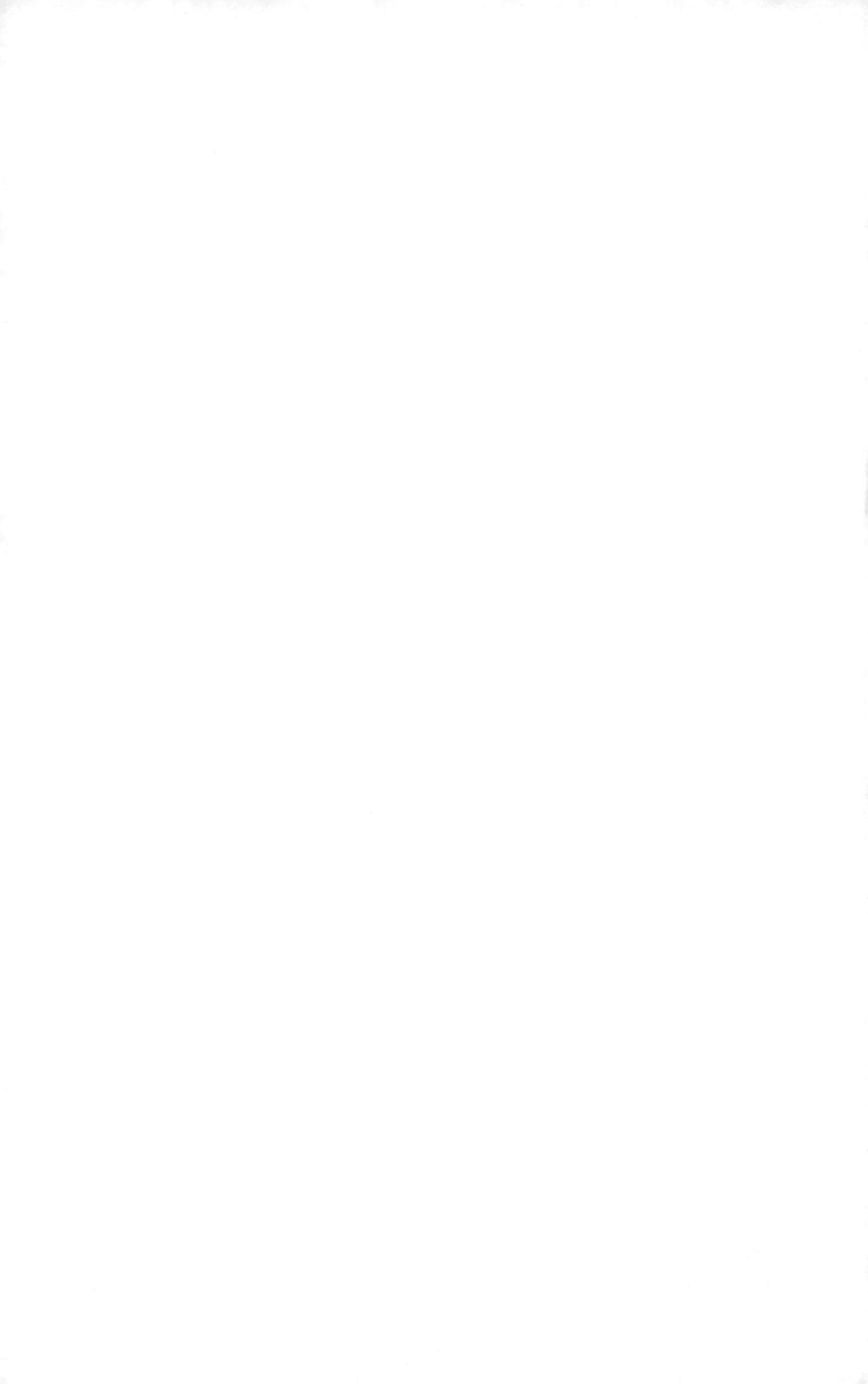

www.ingramcontent.com/pod-product-compliance
Ingram Content Group UK Ltd.
Pitfield, Milton Keynes, MK11 3LW, UK
UKHW021519260726
13993UKWH00004B/1767